www.ingramcontent.com/pod-product-compliance
Lightning Source LLC
Chambersburg PA
CBHW030723220526
45463CB00005B/2149
* 9 7 8 1 6 5 6 7 1 6 7 8 1 *